LE CURRICULUM VITAE DE DIEU

Le Curriculum vitae de Dieu

Jean-Louis Fournier

Dessins de Marie Fournier

Seuil

OUVRAGE ÉDITÉ PAR NICOLE VIMARD

ISBN 2-02-022019-9
© Éditions du Seuil, avril 1995

LE CIEL ÉTAIT FINI, la Terre était finie, les animaux étaient finis, l'homme était fini.

Dieu pensa qu'il était fini aussi, et il sombra dans une profonde mélancolie.

Il ne savait à quoi se mettre. Il fit un peu de poterie, pétrit une boule de terre, mais le cœur n'y était plus. Il n'avait plus confiance en lui, avait perdu la foi. Dieu ne croyait plus en Dieu.

Il lui fallait d'urgence de l'activité, de nouveaux projets, des gros chantiers.

Il décida alors de chercher du travail et, comme tout un chacun, il rédigea son curriculum vitae et fit une lettre de motivation.

Le CV était imposant, la lettre bien tournée, sa candidature fut immédiatement retenue.

Dieu fut convoqué sur Terre, au siège d'un grand groupe, pour une semaine de tests et d'entretiens divers.

Consacrée à des rendez-vous quotidiens au siège du groupe, la semaine de Dieu était chargée ; dès le lundi matin, il avait un entretien avec le directeur du personnel.

Le dimanche, Dieu partit à vol d'oiseau pour la Terre.

Rapport de l'ange gardien
chargé de la protection rapprochée
de Dieu

Installation de Dieu
sur Terre

21 h 40	Dieu atterrit dans la boue du jardin de la pension de famille «Les Mimosas».
21 h 45	Dieu monte dans sa chambre. Il déclare que la décoration Louis XV est tarte, fait éteindre le lustre en néon et demande des bougies.
22 heures	Dieu éteint sa bougie.

Nuit agitée. Il dit plusieurs fois : «Vacherie de vacherie» en latin.

7 h 41	Dieu fait monter son petit déjeuner dans sa chambre. Il refuse de se servir des petits carrés de beurre empaquetés. Il réclame une livre de beurre fermier avec une vache en relief sur le dessus.

On la lui promet seulement pour le lendemain.

8 h 34	Un huissier l'empêche d'entrer dans le hall de l'entreprise à cause de sa robe et de sa barbe; Dieu lui montre sa convocation.

9 h 03	Dieu est introduit dans le bureau du directeur du personnel.

Parlez-moi de la Terre et du Soleil

LE DIRECTEUR DU PERSONNEL, petit myope agité, émerge tout juste d'un gros bureau noir. Il désigne un fauteuil à Dieu et contemple l'énorme CV qu'un garçon de course vient de lui apporter sur un diable. Il est apparemment impressionné.

– Impressionnant, dit-il.

Dieu a un geste de la main pour tempérer l'enthousiasme du directeur et un petit sourire gêné.

– Vous me gênez, dit Dieu.

– Ce n'est pas tous les jours qu'on a un tel CV dans les mains. Nous allons le regarder ensemble, si vous voulez bien.

Dieu a apporté un grand classeur en cuir. Il le tend par-dessus le bureau.

– Voici les photos de mes différentes réalisations. Chaque fois que je crée quelque chose, je le photographie, pour garder un souvenir.

– Vous êtes fier de tout ce que vous avez fait?

Le directeur fixe Dieu avec ses petits yeux vifs comme ceux des rats.

– Oh! pas de tout!

– Est-ce que vous avez rempli une fiche d'état civil?

— Non, j'ai simplement mis mes coordon-
nées sur le CV.

— Nous allons la remplir ensemble. Votre
date de naissance?

— Né avant J.-C.

Le directeur écrit consciencieusement.

— Domicile?

— Partout.

— Vous pouvez préciser?

— J'ai un pied au ciel et un pied à terre.

— Le grand écart. (Il a dit cela avec un petit
sourire.) Situation de famille?

— Un fils majeur.

— À charge?

— Lourde charge, dit Dieu avec tristesse.

— Votre formation?

— Pas de formation, je me suis formé sur le
tas.

— Quel tas?

— Un tas que j'ai fait moi-même. Quand je
suis arrivé, il n'y avait rien. Je suis parti de
zéro, j'ai dû tout faire moi-même.

— Profession?

— Créateur du Ciel et de la Terre.

Le directeur a ouvert le classeur et examine
la première photo, que Dieu lui commente :

— Ici, c'est moi à côté de la Terre. Je venais de la finir, elle n'était pas entièrement sèche, mon pied s'enfonce encore dedans.

— Vous avez mis combien de temps?

— Une journée.

Le directeur est absolument sidéré.

— Sidérant! dit-il.

— Sans habillage bien sûr, la forme nue.

— C'est vous qui avez eu l'idée d'une sphère?

— J'avais d'abord commencé par un cube, mais j'ai pensé à ceux qui allaient être assis sur les coins, à leur confort, alors j'ai arrondi les angles, c'est devenu une boule.

— Quel est le mode de fixation?

— Vous permettrez que je ne réponde pas? Brevet exclusif.

— C'est éclairé de l'intérieur?

— Non, par l'extérieur, grâce au Soleil. Vous avez là une photo plus grande, avec le Soleil et la Terre.

— Effectivement. Alors, le Soleil, c'est vous aussi, bravo, quelle idée lumineuse! Mais dites donc, vous devez toucher des droits d'auteur énormes?

Le directeur, très intéressé, fixe Dieu derrière ses gros verres de myope ; il se penche par-dessus le bureau et lui parle à voix basse :

— Combien ?

— Chaque matin, au lever du jour.

— Même quand il fait gris et qu'il y a des nuages ?

— On me fait confiance, depuis le temps, on sait qu'il est toujours derrière.

— Et quand il y a une éclipse ?

— On calcule un abattement en fonction de la durée de l'éclipse. C'est presque négligeable, la plus longue n'a duré que sept minutes.

— Vous avez là une vraie rente ! déclare le directeur, envieux.

— Une vraie rente, répète Dieu, l'air absent.

— De quoi vivre pendant des siècles et des siècles. Vous n'avez pas besoin de travailler. Qu'est-ce que vous faites ici ?

Le directeur, énervé, s'est levé ; il semble prêt à clore l'entretien.

— Je m'emmerde, dit Dieu...

Et il pousse un long soupir.

Le directeur se rassoit et se penche sur une pièce jointe au dossier. Il sursaute et laisse échapper un sifflement :

— Fuuuuuuuuuuuuuuuuuuute.

RELEVÉ DE
DROITS D'AUTEUR

AUTEUR : DIEU
RÉPARTITION DU : 15/09/94
COMPTE N° 0000001

                  MOIS D'AOÛT 1994

TITRE DE L'ŒUVRE :   **Le Soleil**
SOUS-TITRE :   **Lever du jour**

VOTRE PART :   100 %
NOMBRE
DE REPRÉSENTATIONS : 31

DROITS NETS À PAYER :

124 675 875 641 983 427 491 F

        Virement effectué le 10/09/94

NB : Les couchers de soleil du mois d'août
seront réglés avec la répartition de
septembre.

Restons au ciel

LE DIRECTEUR, encore sous le choc, repose la calculette avec laquelle il vient d'évaluer les droits d'auteur de Dieu sur un an, et il reprend l'album de photos.

– Qu'est-ce que c'est? demande-t-il en désignant une photo très sombre.

– La face cachée de la Lune.

– Pourquoi avez-vous créé la Lune?

Dieu a un temps d'hésitation.

– On va dire : pour les poètes.

– Pas de raison pratique?

– Je vais être franc avec vous.

« Une nuit, je suis rentré chez moi un peu éméché, et je n'ai pas réussi à mettre la clé dans la serrure, alors j'ai décidé de poser un luminaire dehors.

« Les poètes, j'ai dit ça pour faire bien ; en vérité, la poésie ça me gonfle, dit Dieu.

– Si ça peut vous rassurer, moi aussi. Ça ne vous ennuie pas qu'on marche sur la Lune?

– Tant qu'ils ne laissent pas traîner des boîtes de conserves et des canettes, comme ils font sur les plages.

– Tiens, justement, parlez-moi de la mer. Que c'est beau! Quelle variété de couleurs! Vous êtes un grand coloriste.

— Merci, dit Dieu, rose de plaisir. Côté couleurs, je me défends et puis j'aime ça.

— Ce qui me fascine le plus, c'est vos rapports de couleurs, parce que vous prenez souvent des risques, il y a quelquefois des couchers de soleil qui sont limite.

— Qu'est-ce que vous entendez par « limite » ?

Dieu a froncé les sourcils.

— Un peu kitsch. Hier soir, par exemple, vous aviez mis du rose vif avec du violet. Faut oser !

Dieu a l'air un peu choqué.

— Vous aussi, vous faites du kitsch sans le savoir. Vous avez vu votre cravate ?

Étonné, le directeur regarde sa cravate.

— Ne prenez pas la mouche. Je vous félicitais de votre audace. Allez, revenons au ciel, quelle est votre technique ?

— Peinture à l'huile, évidemment. Il faut toujours prévoir la pluie et les éclaboussures d'eau de mer.

— Jamais de lassitude ?

— Je vous mentirais si je vous disais non. Prenez par exemple « Soleil couchant sur la mer » : j'ai dû en faire plusieurs milliards, mais j'essaie toujours de trouver quelques éléments nouveaux que j'ajoute à mes grands classiques.

— Nous y sommes sensibles.

— J'ai passé des nuits blanches sur les nuits d'été, j'ai peint à la main des milliers de points lumineux, c'était du boulot, mais c'est payant.

— Très payant, renchérit le directeur, qui pense aux droits d'auteur.

— Je me demande maintenant si c'était pas donner de la confiture aux cochons. Mes ciels étoilés font un très mauvais score à l'Audimat. Vous êtes combien à encore regarder le ciel, le soir? La majorité regarde la télévision...

Le directeur opine.

Le psychologue a présenté à Dieu un questionnaire qu'il lui a demandé de remplir. Nous reproduisons l'intégralité des réponses de Dieu sans aucune modification.

QUESTIONS PSYCHO

1. Dans votre travail, vous êtes plutôt :

☐ ordonné
☒ désordonné
☐ consciencieux
☐ travailleur
☐ acharné
☐ concentré
☐ autre(s) :

Exemple(s) concret(s) :

Je me souviens, lors de la création du monde, avoir commencé par faire les poissons avant d'avoir terminé la mer... J'ai dû tout jeter.

Revenons
à la mer

REVENONS À LA MER. Comment vous l'avez faite?

— En traditionnel, structure renforcée par des piliers verticaux en béton armé et un ceinturage, armé aussi.

— Vous n'avez pas lésiné, ça a dû vous coûter bonbon!

— Oui, bonbon. Quand c'est pour faire plaisir aux hommes, je ne compte pas.

— Merci pour eux. Et le revêtement intérieur?

— Un enduit silico-marbreux.

— Vous n'avez pas pensé au liner?

— Ça n'existait pas, et puis je voulais du définitif, une mer, c'est pour la vie.

— Combien de marins, combien de capitaines sont partis joyeux pour des courses lointaines?

— Beaucoup.

— Combien ont disparu, dure et triste fortune, dans une mer sans fond par une nuit sans lune?

— Vous me faites un mauvais procès. Toutes les mesures de sécurité avaient été prises. D'abord, j'ai fait un fond à la mer, et puis j'ai éclairé la nuit avec la Lune et les étoiles.

« Quant aux joyeux marins et capitaines, je pense qu'ils ne suçaient pas que de la glace.

– C'est vous qui avez salé la mer?

– Pourquoi, c'est trop salé? demande Dieu, inquiet.

– Pas du tout, au contraire.

– Je sale toujours très peu. Ceux qui aiment très salé peuvent toujours en ajouter.

– De toutes les mers que vous avez faites, laquelle préférez-vous?

– J'ai un faible pour l'Atlantique, à cause du vent et des crevettes grises.

Le vent mauvais

Pourquoi vous avez fait le vent?

— J'avais perdu mon éventail, dit Dieu.

— Les ouragans, c'est vous aussi?

Le directeur lui fait les gros yeux.

Dieu regarde le plafond, l'air faussement détaché ; il ne répond pas.

— Le dernier ouragan en Océanie a tué plus de mille personnes.

Les petits yeux de rat du directeur observent Dieu.

Dieu a pris un air douloureux et compatissant.

— Quelle horreur!

— Il a dévasté toutes les récoltes, et on sait maintenant qu'il était d'origine criminelle. (Le directeur fixe Dieu dans les yeux.) Qu'est-ce que vous en dites?

— Je dis « quelle horreur ». Est-ce qu'on a trouvé le coupable? demande Dieu.

— Pas encore, mais on est sur la piste d'un suspect.

Dieu est pâle.

— Y a-t-il écrit « ouragan » dans mon CV? demande-t-il, angoissé.

Le directeur le regarde, étonné.

— Vous ne savez plus ce que vous avez fait?

— J'ai fait tellement de choses en une petite semaine que je me perds un peu.

Le directeur relève la tête.

— Il y a écrit « vents divers ».

— Si j'avais fait les ouragans, je pense que je m'en souviendrais, dit Dieu, soulagé.

— Il y a quelquefois des choses qu'on préfère oublier, remarque le directeur avec un petit sourire moqueur.

— En tout cas, ça ne m'empêche pas de compatir aux malheurs des victimes.

— Vous me rassurez.

— On me fait beaucoup plus noir que je ne suis. On a beau être Dieu, on a quand même un cœur.

EXTRAIT
DU DOSSIER MÉDICAL

Électrocardiogramme
du 28 août 1994

EXAMEN DU CŒUR
DE DIEU

Observations du cardiologue :

État neuf, jamais servi.

Rapport de l'ange gardien
chargé de la protection rapprochée
de Dieu

La deuxième nuit de Dieu sur Terre

20 heures   Dieu descend dans la salle à manger.

Il mange de la soupe, puis une omelette et de la salade. Il refuse de manger du camembert pasteurisé, il crie très fort: « Mais c'est de la merde! »

---

20 h 43   Il monte dans sa chambre.

Il regarde la télévision, il crie très fort: « Mais c'est de la merde! » et il éteint.

Il fait des cauchemars et crie plusieurs fois: « Haut les mains! » dans son sommeil.

---

8 h 34   Il sort dans la rue, en civil.

---

9 heures   Dieu est introduit dans le bureau du directeur.

Causons montagne

J<small>E VOUS PRÉFÈRE COMME ÇA</small>, dit le directeur en accueillant Dieu.

— J'ai fait Dieu à l'image de l'homme, répond Dieu, qui a mis un costume gris trois-pièces.

— Qu'est-ce que c'est, cette photo? demande le directeur du personnel.

— L'Himalaya, répond Dieu avec fierté.

— Imposant. Ça doit représenter un gros boulot!

— Vous avez remarqué que c'est taillé dans la masse. Il n'y a aucune pièce rapportée.

— Composition?

— Minéraux divers.

— Ça pèse combien?

— Difficile à dire. En tout cas, c'est très lourd.

— J'imagine. Ça sert à quoi?

— À rien.

— C'est seulement décoratif?

— On peut dire ça.

— Oui, mais ça bouche la vue.

— Il y en a qui aiment grimper dessus pour aller voir ce qu'il y a derrière.

— Qu'est-ce qu'il y a derrière?

Dieu hésite un long moment.

— Je ne sais pas si je dois le dire.

— Allons, ça ne sortira pas d'ici.

— J'ai peur de démoraliser les alpinistes.

— Allez-y, l'alpiniste est courageux.

— Il n'y a rien derrière. Je n'avais qu'une petite semaine, je n'ai pas eu le temps de terminer le décor.

— Et ça, qu'est-ce que c'est?

Le directeur montre une photo à Dieu.

— Les Vosges.

— Je peux être franc avec vous? demande le directeur à Dieu.

— Bien sûr.

— Je trouve ça un peu plat...

— Évidemment, comparé à l'Himalaya...

— On a l'impression que vous n'aviez plus le même tonus. Je ne vous fais pas de peine, au moins?

— Je suis blindé. Il y a longtemps que je me suis résigné à ne pas plaire à tout le monde. Je fais à mon idée. Alors, comme ça, vous n'aimez pas mes Vosges?

— Ça n'est pas ce que je veux dire. Simplement, je les trouve moins spectaculaires que l'Himalaya.

— Faut de tout pour faire un monde.

Dieu désigne une photo dans l'album.

« Vous n'allez pas aimer ça non plus.

— Qu'est-ce que c'est? On dirait un électro-encéphalogramme plat.

— C'est la Beauce, dit Dieu.

— Un peu décevant.

— Vous mangez du pain?

— Oui, évidemment. Pourquoi?

— Vous avez déjà essayé de planter du blé sur l'Everest?

— Non, j'ai pas eu l'occasion.

— Alors, s'il vous plaît, ne méprisez pas la Beauce.

QUESTIONS PSYCHO

2. Face à vos engagements, vous êtes plutôt :

☒ fiable
☐ peu fiable
☐ autre(s)

Exemple(s) concret(s) :

Y a-t-il eu un jour où le Soleil ne s'est pas levé ?

Causons feu

LE DIRECTEUR, qui vient de prendre une cigarette dans son étui, s'adresse à Dieu :

— Est-ce que vous avez du feu ?

— Je ne donne jamais de feu. Je l'ai donné une fois aux hommes et je m'en suis mordu les doigts.

— Pourquoi dites-vous ça ?

— Il ne faut pas laisser les enfants jouer avec le feu.

— Ce ne sont plus des enfants !

— Pis. Quand l'été je vois la Provence qui fume, j'ai envie de confisquer tous les silex, tous les briquets, toutes les allumettes.

— On va devoir manger froid ?

— Qu'est-ce que vous avez contre le colin froid ?

— Rien, mais pas tous les jours.

— Que voulez-vous, ce n'est pas ma faute si vos semblables sont cons et si le feu leur brûle les doigts.

— Est-ce qu'il ne fallait pas plutôt créer des arbres ininflammables ?

Dieu commence à s'énerver.

— C'est vrai, j'aurais dû faire des arbres en amiante, et pourquoi pas aussi des arbres mous au bord des routes, pour qu'ils ne se fassent pas mal quand ils rentrent dedans à 100 à l'heure.

« C'est vrai, on ne pense pas à tout ! Et puis, des fusils en carton et des canons en bois, pour qu'ils puissent faire la guerre et s'entre-tuer sans danger.

– Vous êtes cruel.

– Oui, comme une bête blessée.

Dieu
n'a pas inventé
l'eau tiède

C'EST VOUS qui avez inventé l'eau?

– Oui.

– À quelle occasion?

– J'avais soif, j'ai inventé l'eau fraîche.

– Et l'eau tiède?

– Non, je n'ai pas inventé l'eau tiède, si c'est ce que vous voulez me faire dire.

– Remontons à la source, revenons à l'eau fraîche.

– Après avoir bu, je n'ai pas su arrêter l'eau et je me suis fait déborder. Pour ne pas la gâcher, j'ai fait les fleuves, les rivières et les ruisseaux, et comme il en restait encore, j'ai arrosé la Terre.

– Et le Sahel?

– Me parlez pas du Sahel, j'ai beaucoup de remords. Ça fait un bon moment que je ne l'ai pas arrosé. Vous y avez été récemment? Ça doit être très sec?

– Pire que ça. Toute la végétation est morte, les animaux sont décimés, et c'est maintenant au tour des hommes de mourir de faim.

– Quelle horreur! Il faut vite faire quelque chose.

– Quoi faire? Vous allez leur faxer des tranches de jambon?

— Il n'y a vraiment pas de quoi rire, dit Dieu, choqué.

— Vous ne pouviez pas prévoir l'arrosage automatique pour toute la Terre?

— Bien sûr que j'aurais dû. Au commencement, ça m'amusait de partir avec mon arrosoir, ça me détendait, ça me faisait faire de l'exercice. Bien vite j'ai été dépassé, c'était trop grand, j'étais mal organisé, j'ai commencé à oublier des endroits, et ça a fait le Sahel.

Dieu s'effondre sur le bureau, il pleure. Le directeur le regarde en haussant les épaules.

— Ce n'est pas avec vos larmes que vous allez irriguer le Sahel!

Nom : DIEU

EXTRAIT
DE CASIER JUDICIAIRE

431 765 condamnations pour crimes contre l'humanité avec récidive.

Coupable avec préméditation de 25 200 tremblements de terre (recensés à ce jour), soit 242 130 000 morts.

Déclaré civilement et moralement responsable d'épidémies de peste et de choléra, soit 109 430 821 morts.

Coupable de 9 875 éruptions volcaniques (recensées à ce jour), soit 13 241 750 morts.

Coupable de 191 094 763 inondations avec préméditation (recensées à ce jour), soit 102 936 831 635 morts.

Reconnu responsable de 21 840 ouragans, cyclones, tornades et typhons, soit 1 065 489 896 morts.

A avoué avoir foudroyé en toute lucidité 563 876 970 moutons et 560 462 bergers.

Coupable de 732 654 décès par empoisonnement suite à ingestion de champignons vénéneux.

Auteur de publicités mensongères.

Abandon de son fils, et par conséquent déchu de ses droits paternels.

Reconnu coupable du délit de non-assistance à 312 980 587 465 786 089 596 482 435 564 852 065 431 845 319 674 personnes en danger.

[...]

Dieu
est-il faux cul ?

ÊTES-VOUS contre la peine de mort?
demande le directeur.

– Je suis contre, évidemment. La vie est
sacrée, dit Dieu.

Le directeur est sidéré.

– Sidérant, dit-il. Vous ne seriez pas un peu
faux cul?

– Il vous en faut du temps pour vous
rendre compte des choses.

RAPPORT DE L'ANGE GARDIEN
CHARGÉ DE LA PROTECTION RAPPROCHÉE
DE DIEU

LA TROISIÈME NUIT DE DIEU SUR TERRE

21 h 45 Un groupe d'individus en robes noires est venu à la pension «Les Mimosas» et a demandé à voir Dieu.

Le patron leur a déclaré que Dieu dormait et qu'ils devraient repasser demain matin. Ils ont décidé de l'attendre.

---

22 h 50 Réveillé par le bruit, Dieu est descendu dans le hall en pyjama.

Il a été violemment pris à partie par les prêtres, qui l'ont insulté en latin, lui reprochant de s'habiller en civil.

---

23 h 04 Dieu s'est mis en rogne et a giflé le meneur du groupe, lui enjoignant d'aller se faire foutre.

Puis il est remonté se coucher en maudissant ces cons d'intégristes.

Où
il est question
des êtres vivants

EVENONS AU COMMENCEMENT, dit le directeur. C'est vous qui avez peuplé le ciel et la Terre? Comment?

– J'ai fabriqué une petite série d'êtres vivants et je les ai jetés en l'air, comme on jette du sable pour connaître la direction du vent. Ceux qui ne sont pas retombés, je les ai appelés oiseaux; ceux qui sont retombés dans l'eau et ne se sont pas noyés, poissons; et ceux qui sont retombés sur la terre à quatre pattes, vaches...

« Il n'y en a qu'un qui est retombé sur ses deux pieds... (Dieu s'est arrêté, il semble ému.) Il a commencé à se plaindre... et à m'engueuler... (Dieu essuie furtivement une larme.) C'était l'homme. (Dieu s'est effondré sur le bureau, il gémit.)

Le directeur se lève, se penche vers Dieu, lui pose affectueusement la main sur l'épaule et lui tend son mouchoir.

– Allons, allons, mouchez-vous.

Dieu se redresse, se mouche et reprend :

– Il est difficile à contenter, l'homme. Il ne sait pas ce qu'il veut. J'ai beau souffler le froid ou le chaud, ça ne va jamais. Son grand bonheur, quand il fait froid, c'est de se mettre au chaud, et quand il fait chaud, de se mettre au froid. Alors maintenant, j'ai compris : pour ne pas avoir d'histoires, je fais variable. (Dieu lui montre le ciel par la fenêtre, il est gris.) J'ai tout fait pour essayer de le rendre heureux, je lui ai caché des surprises dans les bois, des morilles, des cèpes, des girolles...

— Et des amanites phalloïdes, enchaîne le directeur avec un mauvais sourire.

Dieu a l'air un peu gêné.

— C'est marqué sur mon CV?

Le directeur examine la page «champignons» du CV.

— Non, ça n'est pas marqué.

— Alors ce n'est pas moi.

— Ou c'est encore un oubli.

Le directeur a un petit sourire moqueur.

Dieu commence à donner des signes d'énervement. Il tapote le bureau, excédé.

— On va mettre tout de suite les choses au point. Je suis venu pour un entretien. Si ça tourne à l'interrogatoire policier, je me tire, dit Dieu. Je sais que c'est à la mode de tout me mettre sur le dos.

— Continuons, dit le directeur. Quelles autres surprises?

– Dans la terre j'ai caché des radis, des pommes de terre, des poireaux...

– Comment il a fait, l'homme, pour les trouver, si c'était caché?

– J'ai laissé dépasser des feuilles pour qu'il puisse les repérer et les arracher.

– Les frites, c'est vous?

– Moi, j'ai fait les pommes de terre; après, ils se sont débrouillés. Ils ont fait de la purée, des pommes dauphine et les frites.

– Le pot-au-feu, c'est vous?

– J'ai seulement fait les courses.

– Quoi d'autre encore, comme surprise?

– Des truffes, des pépites d'or, des huîtres...

– Pourquoi, souvent, ce qui est bon est enfermé dans une coquille ou une carapace difficile à ouvrir? Là, c'est le consommateur qui parle.

– Ne comptez pas sur moi pour mettre les huîtres en berlingots et une fermeture Éclair sur la queue des homards, ma devise c'est : *Ad astra per aspera...*

– Qu'est-ce que ça veut dire?

– C'est du latin. Ça veut dire : « Plus t'en chies, plus t'es heureux après. »

– Et c'est vrai?

– On ne peut pas mentir en latin.

THÈME LATIN

Traduisez en latin :

« Je suis infiniment bon. »

....

....

*(Dieu a refusé d'effectuer
cet exercice.)*

Où
il est question
des hommes

LE CERVEAU HUMAIN, c'est vous? demande le directeur du personnel.

— Oui, pourquoi? répond Dieu.

— C'était en option?

— Pourquoi cette question?

— Il y en a certains qui ne s'en servent pas quotidiennement.

Dieu a une expression désabusée.

— Peut-être.

— Le con, c'est vous?

— Qu'est-ce que vous voulez dire? (Dieu a froncé le sourcil.)

— Pardon, je voulais vous demander qui avait créé les non-comprenants.

— Les cons, c'est moi.

— C'était vraiment indispensable?

— Bien sûr, pour les autres.

— Les autres?

— Eh oui, les autres, pour qu'ils se sentent intelligents. Comme les nains, je les ai créés pour que les petits se sentent grands.

— Les jambes, c'est vous aussi?

— Oui, les cuisses, les genoux, les mollets et les pieds, enfin tous les accessoires nécessaires pour marcher, pour courir le monde... Il ne leur restait plus qu'à acheter les chaus-

sures. (Dieu lève les yeux au ciel et soupire :)
Je me demande maintenant si c'était pas
superflu.

— Qu'est-ce que vous voulez dire?

— Ils se sont mis des roues, les imbéciles...
Quand je pense que je leur ai fait des petits
chemins qui sentent la noisette, que j'ai caché
des fleurs sauvages dans les bas-côtés... Ils
traversent tout ça à 100 à l'heure, sans prendre
le temps de regarder ni de respirer, pour arri-
ver plus tôt sur la Costa Brava... (Dieu prend
un air désabusé.) Je me demande parfois si je
ne me suis pas cassé le cul pour rien. Si c'était
à refaire, au lieu de la Terre, vous savez ce que
je leur ferais?

— Non.

— Un grand parking.

— Vous êtes vraiment dur. Vous ne pensez
pas que vous exagérez? Est-ce que vous les
connaissez bien?

— Comme si je les avais faits. Ils m'ont déçu...

— Et vous, vous ne les avez pas déçus?

— Peut-être que j'attendais trop d'eux.
Maintenant je ne crois plus en l'homme.

— L'homme ne croit plus en Dieu.

— Alors ça fait match nul, dit Dieu.

S O N D A G E

*effectué auprès d'un échantillon
de 10 000 personnes
qui ont tenu à garder l'anonymat*

De quoi avez-vous le plus peur ?

- d'une araignée :   1 %

- d'un rat :   2 %

- d'un serpent :   3 %

- d'un loup :   4 %

- de Dieu :   **90 %**

Comme les chats, Dieu enterre ses saletés

S I VOUS NE VOULIEZ PAS d'automobile, il ne fallait pas leur donner le pétrole!

— Qu'est-ce que vous racontez là! Je ne leur ai pas donné, ils l'ont trouvé, malgré moi. Réfléchissez une seconde : si j'avais voulu qu'ils le trouvent, je ne me serais pas fatigué à l'enterrer dans des trous de plusieurs kilomètres de profondeur; je leur aurais fait des sources.

Le directeur semble convaincu.

— Convaincant, dit-il. Mais alors, d'où il vient, ce pétrole?

— Quand j'ai eu fini le monde, vous imaginez bien qu'il a fallu nettoyer, parce que lorsque je travaille j'en mets partout. Alors j'ai nettoyé par terre, et j'ai rincé ma serpillière. Mais l'eau sale, fallait bien la mettre quelque part, alors j'ai fait des trous dans la terre.

— Des égouts, en quelque sorte.

— Des égouts, tu l'as dit, mon petit rat, et j'ai vidé mes eaux sales dedans. Je ne pouvais pas imaginer que l'*Homo sapiens* allait pomper cette eau un jour, pour empoisonner la Terre, dégueulasser la mer et faire chier les mouettes.

ÉPREUVE
DE MORALE

• Avez-vous déjà écrasé un moustique ?

(Souligner la bonne réponse.)

<u>OUI</u>

NON

Si la réponse est positive :

• En avez-vous eu du remords ?

Réponse :

Oui, j'ai eu du remords de n'en avoir écrasé qu'un, parce qu'il y en avait deux…

Dieu
préfère les blondes

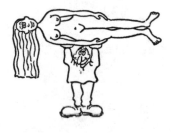

UN MOUSTIQUE TOURNOIE autour de la tête du directeur, qui se donne vainement quelques claques. Il est énervé.

– À propos, les moustiques, c'est vous aussi?

Dieu a pris un air penaud et ne répond pas.

– C'était bien nécessaire?

– Vous connaissez mon faible pour les oiseaux. J'ai fait ça pour eux, ils adorent.

– C'est bien d'aimer les oiseaux, mais faut aussi penser aux hommes!

– Je ne fais que ça, regardez.

Dieu désigne une photo dans l'album.

Le directeur est époustouflé.

– Époustouflant, dit-il. Qui c'est?

– C'est la première femme.

Le directeur regarde la photo, tout rêveur.

– Il a eu de la chance, le premier homme.

– Je ne me suis pas moqué de lui, déclare Dieu.

– On n'a pas fait de progrès depuis!

Dieu ne répond pas, il regarde la photo, attendri.

– Vous avez l'air d'être fier d'elle?

– Je crois que c'est ce que j'ai le mieux réussi jusqu'à ce jour, dit gravement Dieu.

— Où est-elle?

— Elle est remontée au Ciel, elle a profité du pont de l'Assomption.

Le directeur contemple à nouveau la photo.

— Pourquoi elles ne sont pas toutes comme ça? demande-t-il, nostalgique.

— Qui?

— Les femmes.

— Moi, j'ai fait le modèle; y avait qu'à reproduire, déclare Dieu.

— Si j'étais un hippopotame, dit le directeur, je serais jaloux.

— Qu'est-ce qui vous prend? Vous n'êtes pas un hippopotame, lui fait remarquer Dieu.

— Hypothèse d'école. Je pense à la femme de l'hippopotame. Vous ne lui avez pas donné beaucoup d'atouts pour séduire le mâle : elle n'a pas de cou, pas la place pour mettre un petit collier, elle a la peau rugueuse, on n'a pas envie de la caresser.

« La femelle du crocodile, c'est pareil, et une femelle qu'on ne caresse pas est une femelle malheureuse.

« Et la femelle du phoque, à quoi voulez-vous qu'elle accroche ses boucles d'oreille?

Faut pas s'étonner, après, si les phoques vont offrir leurs boucles d'oreille à d'autres.

« Et la vache, heureusement que le taureau n'a pas la vue très fine et qu'il est pas regardant sur l'esthétique, parce qu'il n'y aurait pas beaucoup de veaux.

— Vous êtes injuste, dit Dieu. La vache a de très beaux yeux.

— Et la poule, elle est pas vraiment gironde. En plus, elle a toutes les corvées : elle pond, elle couve, elle élève les poussins, et tous les honneurs, les belles plumes, la grande crête et la belle voix, c'est pour le coq.

« Dites donc, vous ne seriez pas un peu misogyne ?

Reproduisons-nous les uns les autres

C'EST VOUS qui avez eu l'idée de la reproduction des hommes ? demande le directeur à Dieu.

— Hélas ! oui. J'étais fatigué, j'avais fini tous les modèles de base, j'avais le droit de me reposer, j'ai voulu passer la main. Il n'y avait plus qu'à recopier, alors j'ai sous-traité. Moi, je voulais qu'ils se reproduisent raisonnablement, pas comme les lapins.

— Mais c'est votre propre fils qui leur a dit : « Croissez et multipliez-vous. »

— Oh lui, quand il y a une connerie à dire, il est jamais le dernier ! Le drame, c'est que cette fois les hommes l'ont écouté, et l'ont suivi.

« Habituellement, personne ne fait attention à ce qu'il raconte, il parle dans le désert. Quand il dit : "Aimez-vous les uns les autres", c'est pas grave, ça fait marrer tout le monde, on croit qu'il est saoul, et personne ne l'écoute. Mais la reproduction, faut croire que ça les a branchés, ils y ont pris goût, et maintenant, on est 5 milliards, on est trop.

— Sauf dans vos églises.

— Ça, c'est pas vos oignons, réplique Dieu, cinglant.

— Il n'y a pas de solution ?

— On a essayé le préservatif, mais ça ne marche pas.

— Pourquoi?

— Ils ont peur.

— Peur de qui?

— Peur du pape, il le leur a interdit.

— Enfin, le pape, c'est pas le patron!

— Non, en principe c'est moi, mais il est sur place et c'est lui qui a la signature.

— Vous ne pouvez pas la lui retirer?

— Impossible, trop risqué.

— Qu'est-ce que vous risquez?

— Tout simplement qu'il casse ma baraque; c'est lui qui a la gestion de mon budget pub. Il peut déconner sur moi, faire courir des faux bruits.

— Personne ne le croira!

— Vous rigolez! Tout le monde sait qu'il est infaillible. Et le plus cocasse, c'est que c'est moi qui lui ai donné son infaillibilité!

— C'est pas très malin.

— Faut dire à ma décharge que les premiers papes n'étaient pas futés, un peu innocents, je ne me suis pas méfié. Tandis que celui-là, il est très malin.

— Revenons à notre surpopulation. Alors,

comme ça, vous n'aviez pas prévu assez large?

– Je pensais que 15 millions de kilomètres carrés de surface habitable, ça suffirait.

– Qu'est-ce que vous envisagez? Des travaux d'agrandissement?

– Vous rigolez! Je vais te leur mitonner un petit virus...

– C'est déjà fait, non?

– Un encore bien pire! Et vous verrez, il y aura à nouveau de la place!

Et Dieu éclate d'un rire satanique qui met mal à l'aise le directeur du personnel.

CORRESPONDANCE ENTRE LE PAPE ET DIEU DU 30 SEPTEMBRE 1994 AU 1er FÉVRIER 1995

※

Le Vatican, le 30 septembre 1994

Cher Dieu,

Je te signale que la somme de 862 milliards de lires, pour laquelle tu me réclames des justificatifs, a servi à acheter des fleurs pour ta basilique. Je tiens à ta disposition les factures.

Sache que ta méfiance à mon endroit me devient très pénible. Si tu n'as plus confiance, aie le courage de me le dire en face ou vire-moi.

Je ne peux pas travailler dans un climat de méfiance.

À bon entendeur, salut.

Ta Sainteté.

Le Ciel, le 2 octobre 1994

Chère Sainteté,

J'ai bien reçu ta dernière lettre et je m'étonne de son ton. Comme tu as changé depuis que tu es pape ! Je me souviens avec nostalgie du petit séminariste respectueux qui me vouait une véritable dévotion.

Mais qu'est-ce que tu te crois, pour me traiter de la sorte ! Sans moi tu ne serais rien, tout juste un petit curé de campagne crotté. Maintenant, évidemment, tu pètes dans la soie, tu dors dans un lit à baldaquin, mais c'est pas une raison pour me traiter de la sorte. C'est quand même moi Dieu, oui ou merde ?

Ton Dieu.

Le Vatican, le 5 octobre 1994

Cher Dieu,

Pourquoi tu prends la mouche ? Je n'ai aucune raison de m'écraser, tout Dieu que tu sois. Tu m'attaques, je me défends.

Je trouve pas très glorieux de ta part de rappeler mes origines modestes. C'est vrai, je suis parti de rien, j'ai pas eu la chance de ton fainéant de fils, j'ai pas de piston, moi ; si j'ai réussi à avoir une bonne situation, c'est à moi que je le dois.

Mais je te répète encore une fois que si tu veux plus de moi comme pape, tu le dis carrément, au lieu de faire des allusions blessantes.

Ta Sainteté.

Le Ciel, le 8 octobre 1994

Chère Sainteté,

Qu'est-ce que tu nous chantes sur tes origines modestes ? Qui veux-tu attendrir ? Qu'est-ce que je dirais, moi qui n'ai pas d'origine du tout ?

Alors, s'il te plaît, un peu de dignité. Tu crois que je ne vois pas clair dans ton jeu ? Tu es un arriviste forcené. Pape, ça ne te suffit plus, tu veux ma place, mais, permets-moi de te dire, c'est pas dans la poche.

J'ai honte pour toi.

Ton Dieu.

Le Vatican, le 12 octobre 1994

Cher Dieu,

Si tu savais comme j'en ai rien à foutre d'être Dieu, je suis bien mieux sur terre. Le jaloux, c'est toi, ça te rend malade de nous entendre rire, de savoir qu'on s'amuse pendant que toi tu t'emmerdes tout seul là-haut.

C'est pour ça que tu es si teigneux et que tu essaies de nous gâcher la vie par tous les moyens.

Sentiments distingués.

Ta Sainteté.

Le Ciel, le 15 octobre 1994

Chère Sainteté,

Ta dernière lettre est une ignominie, mais je t'avouerai qu'elle ne m'étonne qu'à moitié, je crois maintenant bien cerner ton personnage. Tu es ce qu'on appelle une petite crapule, et sache que tout ce que tu peux penser et dire de moi m'est totalement égal.

Je continue à prier pour toi.

Ton Dieu.

Le Vatican, le 16 octobre 1994

Cher Dieu,

Ne prie pas trop pour moi, ça va me porter malheur.

Ta Sainteté.

Le Ciel, le 20 janvier 1995

Chère Sainteté,

Je suis scié. Je viens d'apprendre que tu as viré Jacques*, c'est le pompon !

Tu as fait la grosse boulette de ta vie. D'abord, on touche pas à mon pote. Ensuite, tu me fais passer pour un salaud. Depuis des siècles, j'essaie de développer une image de brave type. J'ai l'air fin maintenant avec ma miséricorde divine !

Je te signale que je ne tiens pas à porter le chapeau et tu vas pas l'emporter en paradis, alors attends-toi au pire !

Ton Dieu.

---

* Il s'agit vraisemblablement de Mgr Gaillot, évêque d'Évreux, France.

Le Vatican, le 25 janvier 1995

Cher Dieu,

Et toi, t'as jamais fait de connerie dans ta vie ?

Sentiments distingués.

Ta Sainteté.

Le Ciel, le 31 janvier 1995

Chère Sainteté,

Tu trouveras ci-joint ta feuille de paye.

Regarde-la bien, c'est la dernière !
Et bonne chance.

Ton Dieu.

Le Vatican, le 1ᵉʳ février 1995

Cher Dieu,

Tu crois me nuire en me licenciant, mais sache que tu me rends un grand service, parce que je vais te dire une chose : il vaut mieux être au chômage que de travailler avec un vieux con comme toi !

Sentiments distingués.

Ta Sainteté.

COLÈRE DIVINE
VIOLENT ORAGE SUR LE VATICAN

Sans doute attiré par la masse métallique de la crosse, un éclair est tombé sur le pape et l'a foudroyé.

Corriere della Sera

QUESTIONS PSYCHO

3. Avez-vous de l'humour ?

Oui. J'aime bien les histoires drôles, j'en raconte à l'occasion.

Donnez un exemple :

Le pape est mort, un nouveau pape est appelé à régner.
Araignée ? Quel drôle de nom pour un pape, pourquoi pas libellule ou encore papillon ?

– C'est de vous ?

– Oui*.

_____

* Dieu ment. C'est de Prévert.

L'AVANT-DERNIÈRE NUIT DE DIEU SUR TERRE

L'entretien s'est terminé à **18 h 02.** Dieu est rentré à sa pension de famille, à pied.

Il ressort à **19 h 06.**

À **19 h 17,** il entre chez un traiteur et en ressort avec un sac de plastique.

À **19 h 47,** il est de retour à sa pension de famille, il monte dans sa chambre. Il ferme sa porte à clé. Je suis resté devant la porte.

À **20 h 38,** Dieu a déballé ses achats, une bouteille de vodka, une grosse boîte de caviar, un pain de campagne et du beurre demi-sel.

---

22 heures. Dieu a chanté *Kalinka.*

---

23 heures. Dieu a essayé de chanter *L'Internationale,* puis il s'est endormi en ronflant très fort.

Où

il est question
des hommes
de couleur

à

« les questions
des hommes
de couleur

Pourquoi vous avez fait une population multicolore? demande le directeur à Dieu.

— Vous avez déjà regardé des nouveau-nés blancs?

— J'en ai fait deux, dit fièrement le directeur.

— Y a pas de quoi se vanter, c'est pas très beau, on dirait des endives. Des bébés noirs, ou jaunes, ou rouges, c'est plus gai.

— Est-ce qu'avec des hommes de toutes les couleurs vous n'alliez pas au-devant de gros problèmes?

— J'aime le risque, la difficulté.

— Toujours votre fameux *ad astra per aspera*?

— Tu l'as dit, bouffi! De toute façon, il est trop tard maintenant pour les repeindre tous de la même couleur, ils ne seront jamais d'accord.

— Si vous choisissez le blanc, il y a fort à parier que les Noirs accepteront.

— Je n'en suis pas convaincu. S'ils sont peints en blanc, on s'apercevra que leurs dents et leur chemise ne sont pas si blanches que ça. Pour cette raison ils refuseront.

— Vous qui êtes un grand coloriste, pourquoi avoir été si timide pour les couleurs des hommes? Seulement du blanc, du noir, du jaune et du rouge.

— Je n'ai pas vraiment eu le choix. J'ai terminé par eux, j'ai dû les peindre avec les couleurs qui me restaient.

— Vous n'aviez pas prévu large?

— J'avais calculé un peu juste pour le bleu, je sous-estimais la surface du ciel de Provence.

— Et pour le vert?

— Même problème, je n'ai pas eu assez pour terminer la Normandie et j'ai dû laisser les falaises en blanc.

4. Avez-vous une qualité qui n'appartient qu'à vous ?

Oui.
Je suis phosphorescent.

Questions psycho

5. Le(s) mot(s) qui vous qualifie(nt) le mieux :

- ☐ velléitaire
- ☐ travailleur
- ☐ inquiet
- ☐ résistant au stress et à la fatigue
- ☐ casanier
- ☐ fonceur
- ☒ imaginatif
- ☐ créatif
- ☐ débrouillard
- ☐ autre(s) :

Prouvez-le :

C'est moi qui ai inventé l'imagination.

Les animaux grandeur nature

Vous avez fait les animaux grandeur nature.

– Évidemment, et ça a été le gros problème, parce que j'ai commencé par les dinosaures. J'étais jeune, je voulais étonner, j'ai fait les atlantosaures, les brontosaures, les mégalosaures...

– Et les harengs saurs, ajoute pour rire le directeur.

Dieu sourit pour prouver qu'il a de l'humour et continue :

– Mais j'ai arrêté brutalement, c'était un trop gros travail, les bestiaux mesuraient 50 mètres de long. Rien qu'en allées et venues entre la tête et la queue, je faisais des dizaines de kilomètres, à la fin de la journée j'étais usé. Et c'est pas tout. Vous avez déjà essayé de mettre un dinosaure sur le dos ?

– Non, répond le directeur. Je n'ai pas eu l'occasion.

– Quand j'avais terminé le dos et qu'il fallait faire le ventre, je devais les retourner pour les mettre sur le dos, ils pesaient plusieurs tonnes. J'étais tout seul, je n'avais pas encore inventé les ouvriers, et le dinosaure n'est pas toujours coopératif. Tout ça pour vous dire que j'ai arrêté le dinosaure. D'autant que leur fabrication demandait d'énormes quantités de matière première. Si j'avais continué, jamais je n'aurais pu faire les autres animaux. Prenons par exemple une peau de dinosaure, calculons sa surface.

Le directeur a pris sa calculette.

– Considérons le dinosaure comme un parallélépipède ; vous savez calculer la surface d'un parallélépipède ?

– Évidemment, répond le directeur.

– Notez 50 mètres de long, 10 mètres de large et disons 5 mètres de haut.

Le directeur effectue le calcul.

– Ça nous fait… 1 600 mètres carrés.

– Il y a de quoi habiller 150 crocodiles, déclare Dieu. Et avec les chutes il me reste encore de quoi faire des lézards.

Ça sent le poisson

O H! UN POISSON! s'exclame le directeur du personnel, qui feuillette l'album de photos.

— C'est une sole, dit Dieu.

— J'adore les filets de sole, dit le directeur.

— Moi aussi, renchérit Dieu.

— Pourquoi ne pas avoir créé directement des filets de sole?

Dieu reste pensif.

— Je vous taquine, hein?

— Pas du tout. Figurez-vous que j'y avais pensé. J'ai même essayé un prototype de filet, mais il y avait des problèmes de flottabilité insolubles: ou bien le filet s'enroulait sur lui-même, ou bien il allait se plaquer au fond, il fallait absolument lui donner une structure rigide, l'armer en quelque sorte, d'où les arêtes.

— Imparable.

— Il n'y a pas seulement une raison technique, il y a une raison esthétique. J'ai tenu à soigner particulièrement l'habillage des poissons, en créant des coloris nouveaux avec des reflets métalliques. J'ai beaucoup pensé à l'aspect décoratif des aquariums. Est-ce que vous imagineriez un aquarium avec des filets de poisson?

– Les moutons, c'est vous aussi?

– Oui, c'est moi.

– Vous aviez une raison pratique?

– Bien sûr, les pelouses.

– Maintenant qu'il y a des tondeuses à gazon, les moutons sont inutiles...

– Vous avez déjà mangé du gigot de tondeuse? demande Dieu au directeur du personnel.

Les oiseaux
du bon Dieu

REVENONS AU COMMENCEMENT, si vous voulez bien. (Le directeur feuillette l'album de photos.) Oh! c'est joli.

Dieu se penche et commente la photo :

– C'est une mésange. À côté, vous avez un rossignol, un colibri, une chouette, une alouette, un serin, puis un pigeon, un aigle...

– Pourquoi vous avez fait tant de modèles?

– Les oiseaux m'inspirent. Je me suis laissé aller.

– Ça oblige à avoir un stock de pièces détachées énorme! Au plan économique, ce n'est pas rationnel.

– L'économique, je m'en tape, dit Dieu.

– Faudra changer vos habitudes, si nous faisons affaire. Il aurait été préférable de vous en tenir à un modèle de base...

– C'est ça, dit Dieu. Un oiseau de base, un grand pigeon par exemple, blanc, à colorier, et puis, pourquoi pas, en option, des accessoires?

«Par exemple le kit paon : une aigrette et une grande queue; ou bien le kit aigle : un bec crochu et des serres; et le kit serin, avec une petite bombe de peinture jaune. C'est ce que vous auriez voulu? Comme pour les canards : j'aurais pu me contenter de faire seulement les magrets!... Les hommes l'ont échappé belle!

— Pourquoi vous dites ça?

— J'imagine une ferme avec des magrets de canard dans la mare et des blancs de poulet dans la basse-cour, et pourquoi pas dans les prairies des contre-filets qui somnolent. La campagne ressemblerait à un étalage de boucherie-charcuterie.

— Et alors, rentabilité garantie, tout se mange, pas de déchets.

— Merci, je n'ai plus faim, j'ai la nausée, déclare Dieu.

Dieu a les abeilles

LES GUÊPES, C'EST VOUS? demande le directeur du personnel à Dieu.

– Pas du tout, répond Dieu.

– Qui est-ce alors?

– Je sais pas.

« Moi, j'ai fait les abeilles. Les guêpes, c'est des contrefaçons.

– Qu'est-ce que vous voulez dire?

– Oui, des contrefaçons d'abeille.

– Vous ne pouvez pas porter plainte?

– Plainte contre qui?

« J'ai déposé l'abeille à la Société des auteurs, mais il suffit d'une petite modification sur le modèle de base et je ne suis plus protégé.

– Vous avez déjà été piqué par une guêpe?

– Oui, plusieurs fois, quand j'ai inventé le sucre.

– Vous avez inventé le sucre avant le sel?

– Non, j'ai inventé le sucre après le sel, parce que je préfère terminer sur du sucré.

– Les abeilles, elles piquent aussi!

– Oui, mais elles font du miel.

– C'est pas une excuse. Les betteraves sucrières, elles font du sucre aussi, mais elles piquent pas.

– Vous pourriez pas me lâcher un peu la ruche?

– Je fais mon travail.

QUESTIONS PSYCHO

6. Quand vous avez quelque chose
à faire :

☐ vous le faites tout de suite
☐ vous remettez au lendemain
☒ vous attendez la dernière minute
☐ autre(s)

Exemple(s) concret(s) :

Après avoir fait la bête, peut-être que j'aurais dû réfléchir plus long-temps avant de faire l'homme. En même temps, je pense que, si je ne l'avais pas fait dans la précipitation, peut-être que je ne l'aurais jamais fait. Alors...

Qui a tué Mozart ?

REVENONS AU COMMENCEMENT, dit le directeur. Quelle a été votre motivation pour faire le monde?

– Je m'ennuyais, et comme il y avait tout à faire, j'ai tout fait. (Dieu émet un long soupir.) Je me demande parfois si j'ai bien fait.

– Allons, allons, pas de remords, c'est fait, c'est fait.

– Oui, le mal est fait.

– N'exagérons pas.

– Il y a des jours où je vois tout en noir, dit Dieu.

Le directeur allume aussitôt le plafonnier du bureau.

– Merci.

– Tout n'a pas été loupé, dit le directeur pour consoler Dieu.

– Presque tout. Regardez l'homme.

– Pourquoi vous avez fait l'humanité? Vous n'étiez pas obligé, on n'a pas demandé à venir.

– J'avais peur de m'ennuyer. C'est pas marrant, une grande maison vide.

– Oui, mais faut pas se plaindre après quand il y a du monde.

– Pardonnez-moi, regardez l'homme quand

il part à la chasse avec une plume d'oiseau à son chapeau et qu'il tue son père qu'il a pris pour un sanglier.

— Oui, bon, ça suffit!

— J'ai honte d'avoir fait ça.

Dieu s'effondre sur le bureau et cache sa tête dans ses mains.

— Enfin, vous n'avez pas fait que ça, il y a Mozart...

— C'est vrai, il y a Mozart.

Et Dieu se lève, il chante magnifiquement un air de *Don Juan* et se rassoit, à nouveau abattu.

— Mais il est mort, mon petit Wolfgang, gémit Dieu.

— La faute à qui? C'est pas les chasseurs, quand même?

— Dieu cueille les plus belles fleurs de son jardin, déclare Dieu sentencieusement.

Dieu cueille
les plus belles fleurs
de son jardin

LES FLEURS, C'EST VOUS?

— C'est moi. J'adore faire des bouquets.

— Pourquoi vous cueillez les plus belles fleurs de votre jardin?

— Pour faire des beaux bouquets, pardi! (Dieu met son index sur son front.) C'est pas écrit « imbécile » là!

— Quel rapport avec la mort de Mozart?

— C'est une allégorie, pour signifier que ce sont les plus doués qui meurent les premiers. Ça console les proches, ils sont flattés de penser que leur défunt n'était pas le dernier des cons.

— Ça fait une belle jambe à la jeune veuve, et puis c'est un coup à donner des complexes à tous les vivants.

— Les vivants, ils vivent, ils n'ont pas à se plaindre.

— Alors quand on est très con, on ne meurt pas?

— Si, on meurt, mais plus tard.

— Ça veut dire que les vieux sont des cons?

— Exact.

— Alors pourquoi on dit « un vieux con »?

— On ne devrait pas, c'est une faute de français, un pléonasme.

– Mais vous?

– La question ne se pose pas, je suis immortel.

QUESTIONS PSYCHO

7. Quelle serait pour vous la pire catastrophe ?

☐ être chauve
☒ perdre à la pétanque
☐ être excommunié

Commentaire :

Je suis déjà chauve.

Rendons à Dieu ce qui est à Dieu

(pour César, ça ne presse pas)

D'OÙ VIENNENT LES ARTISTES? demande le directeur à Dieu.

— Lors de la création du monde, je n'ai pas eu beaucoup de temps et j'ai dû donner la priorité à l'utilitaire, alors pour l'esthétique j'ai délégué. J'ai choisi quelques hommes parmi les moins cons et je leur ai confié la mission de faire du beau. Au début, je leur ai tenu la main, et les plus doués je les ai laissé faire. J'ai eu beaucoup de déceptions, mais quelques belles surprises.

«Je pense au petit Jean-Sébastien, à qui j'ai donné quelques tuyaux.

— D'orgue, ajoute finement le directeur.

— Il m'a donné de vraies satisfactions, et je ne dis pas ça parce qu'il a eu la délicatesse de m'écrire une superbe messe en *si* mineur.

«Avec Beethoven j'ai eu plus de difficultés, il ne voulait rien entendre, colérique, entêté, mais du talent. J'aime bien sa *Symphonie pastorale,* quoiqu'il ait beaucoup pompé sur moi, parce que la symphonie pastorale sans l'orage, je suis désolé, ce serait fade, et l'orage, c'est de qui? (Dieu tapote sa poitrine avec son index et déclare fièrement :) C'est bibi.

«Écoutez Messiaen, c'est beau. Mais retirez

les oiseaux, il ne reste pas grand-chose, et les oiseaux, je m'excuse, c'est de qui? C'est bibi.

« Les peintres, on s'extasie sur leur œuvre, mais enfin, faut quand même rendre à Dieu ce qui est à Dieu. Prenez par exemple Le Lorrain, on admire beaucoup, et à juste titre, ses couchers de soleil sur la mer. Je ne veux pas lui casser sa baraque, mais le soleil et la mer, je suis désolé, c'est de qui? C'est encore bibi!

« Et je pourrais multiplier les exemples à l'infini, les nymphéas de Monet, la raie de Chardin, les ciels de Constable, les pommes de Cézanne... Toujours bibi.

« Je dois avouer pourtant qu'il y a un artiste qui me bluffe. Bien sûr, il s'inspire de mon œuvre, mais il prend tellement de liberté qu'on ne reconnaît plus. J'ai presque envie de dire que, lui, il aurait pu se passer de moi.

– Qui est-ce?
– Picasso.

SOCIÉTÉ DES AUTEURS

GRAND PRIX

décerné à
DIEU
pour l'ensemble de son œuvre

Le jury tient à souligner l'originalité, la richesse et la variété de l'œuvre.

LE PRÉSIDENT
DE LA SOCIÉTÉ

LE PRÉSIDENT
DU JURY

Dieu
et la mort

ALORS, COMME ÇA, vous avez donné la vie aux hommes?

– C'est ce qu'on dit.

– Alors pourquoi la mort?

Dieu regarde attentivement une mouche et ne répond pas.

– Donner c'est donner, reprendre c'est voler, non? reprend le directeur.

– Oh, comme vous y allez!

– Pardon, je viens de perdre un ami, je suis à vif.

– Je ne vous en veux pas, j'ai l'habitude.

– Et ne dites pas que c'est de l'homicide involontaire, on a tous une tête de mort là-dessous, dit le directeur en tâtant son visage. Il y a donc préméditation.

– Je vais vous expliquer.

« Je voulais un roulement. Il n'aurait pas été juste que ce soient toujours les mêmes qui profitent de la Terre, et il n'y avait pas suffisamment de place pour loger tout le monde en même temps.

« Au cinéma, quand le film est terminé, on sort pour laisser entrer les autres.

– Mais si on veut revoir le film parce qu'on n'a pas bien compris la première fois?

— Si on n'a pas compris la première fois, on ne comprendra pas mieux la seconde.

— Est-ce qu'il n'y avait pas une façon plus agréable de nous faire sortir de la salle de cinéma?

— Qu'est-ce que vous voulez dire?

— Ça se termine mal, la vie. On a peur quand on voit le mot fin.

— Qu'est-ce que vous auriez imaginé?

— Je ne sais pas, moi. Pourquoi pas un envol, comme l'Ascension? Vous l'avez bien fait pour votre fils!

— Sachez qu'il meurt dans le monde une personne et demie par seconde. Ça ferait des embouteillages énormes dans le Ciel.

— Ce serait l'occasion de limiter le nombre de morts. Vous avez déclaré tout à l'heure que, pour faire plaisir aux hommes, vous étiez prêt à tout.

— Je vais y penser.

— Pourquoi la vieillesse en prime? C'est du gâchis. Je pense à toutes les Miss Monde. C'était pas la peine de faire de belles choses si c'est pour tout abîmer après.

— J'ai voulu vous faire vieillir parce que je n'avais pas le cœur de vous voir mourir jeune.

« J'ai fait ça aussi pour vous rendre la mort plus douce.

« C'est plus marrant de mourir quand on est devenu moche et qu'on a des rhumatismes, que lorsqu'on est beau et souple. Avant de vous retirer la vie, j'ai voulu vous en dégoûter. Ça partait d'un bon sentiment, non ?

— Alors, pourquoi l'instinct de conservation ?

— Vous commencez vraiment à m'emmerder, déclare Dieu.

— Vous n'avez pas été très large avec les hommes.

— Qu'est-ce que vous voulez dire ?

— C'est pas long, une vie d'homme !

— Suffisamment pour faire pas mal de conneries. Et puis le temps, moins on en a, plus on l'apprécie. Moi, avec mon éternité, j'en ai une indigestion, j'arriverai jamais à finir mon assiette.

— On échange ? Je veux bien vous aider à finir.

— Vous avez déjà pensé à l'éternité ? demande Dieu.

— J'ai pas le temps. Pourquoi ?

— L'éternité c'est pas marrant, et je sais de

quoi je cause. Alors, j'ai voulu l'éviter aux hommes. Techniquement, j'étais en mesure de faire un homme éternel. J'ai réalisé une maquette en fonte, mais il était trop lourd et trop bruyant.

Le directeur continue de feuilleter l'album de photos.

— Et cette photo? On dirait un homme.

— C'est un homme. Après la fonte et avant la viande, j'ai essayé le fer. C'était plus léger et très résistant, mais avec un gros problème…

— Lequel?

— La rouille. Pour les habitants des pays secs, c'était pas un problème, mais pour les populations de bord de mer, il n'y avait rien à faire. Avec l'humidité, ils étaient couverts de taches de rouille et avaient les cheveux roux.

— C'était laid?

— Pas forcément, mais ça ne plaisait pas à tout le monde. J'ai arrêté le modèle.

— Mais alors, les Anglais?

— Ce sont des fins de série.

DIEU A-T-IL
UN BON FONDS?

Un bon fonds

Un mauvais fonds

Pas de fonds du tout

(Soulignez la réponse choisie.)

Dieu
s'amuse d'un rien

EST-CE QUE VOUS VOUS ÊTES AMUSÉ en faisant le monde? demande le directeur à Dieu.

– Au début non, il n'y avait rien. Vous imaginez ce que c'est, rien?

– Pas grand-chose, en effet, répond un peu hâtivement le directeur, pris au dépourvu.

– Encore pis, renchérit Dieu. Je manquais de tout, des objets de première nécessité. Figurez-vous que je ne savais même pas où m'asseoir.

– Fallait vous asseoir par terre.

– Impossible, il n'y avait pas de Terre. J'ai dû faire les plans de la première chaise, debout, dans le noir. J'ai inventé le Soleil plus tard.

« Puis, au fur et à mesure, je me suis équipé, j'ai eu eau froide, eau chaude, un lampadaire, un vélo, une brouette. Ma vie a vraiment changé quand j'ai créé le premier oiseau, j'ai encore son chant dans l'oreille, ce devait être un rossignol.

« Entre-temps j'avais créé le feu, je pouvais faire un peu de cuisine, j'ai cuit l'oiseau à la cocotte.

– Vous avez mangé le rossignol?

– Ben oui. Mais après j'avais encore faim,

parce que le rossignol n'est pas charnu. Dans la foulée, j'ai créé des canards, des oies, des faisans, des dindes.

« Les hommes commençaient à peupler la Terre, et j'imaginais avec angoisse une Terre couverte d'individus tous pareils. J'ai eu alors l'idée de créer des enfants anormaux. Ça paraît une idée toute simple, encore fallait-il y penser.

« J'ai tâtonné au début, avec des petites malformations rigolotes, les pieds-bots, les bosses, les becs-de-lièvre, les purpuras, les spina-bifida...

– Qu'est-ce que ça veut dire ?

– C'est du latin, c'est une malformation très grave de la colonne vertébrale.

– Pourquoi les maladies sont souvent en latin ?

– Parce que le latin est la langue de Dieu, et c'est moi qui les ai inventées, dit Dieu fièrement. Et je tiens à ce qu'on s'en souvienne.

« Puis, pour mettre un peu d'exotisme, j'ai enchaîné avec les mongoliens. Ça changeait de l'ordinaire, mais je sentais confusément que je pouvais faire mieux, et je l'ai prouvé.

« Je suis passé à la vitesse supérieure, j'ai

fait l'enfant manchot, l'enfant sans jambe, l'enfant sans cerveau, l'enfant à deux têtes, les frères siamois...

« J'avais pris le rythme. J'avais enfin trouvé la solution pour sortir de la banalité et donner un peu de piquant à l'existence.

« J'oublierai jamais le fou rire que je me suis offert quand j'ai créé le premier hydrocéphale.

— Redevenons sérieux, dit le directeur. Est-ce que vous avez pensé aux parents ?

— Les parents, ils n'ont pas à se plaindre, ils ont une vignette automobile gratuite par enfant handicapé.

Dieu se plaint de son grand fainéant de fils

POURQUOI VOUS APPELLE-T-ON le bon Dieu?

– Une vieille habitude, d'avant le Déluge.

– Et ça vous est resté, malgré tout ce que vous avez fait?

– C'est un mot dont on se sert beaucoup dans la famille. Regardez mon fils, vous savez comment on l'appelle?

– Je sais pas, «bon Jésus»?

– On l'appelle «bon à rien», ça lui va beaucoup mieux. Et c'est pas faute de m'en être occupé. Après qu'il se fut fait foutre à la porte du collège, je l'ai mis en apprentissage chez un artisan menuisier, mais il a rien foutu. Il est incapable de planter un clou, sa croix c'est même pas lui qui l'a faite.

– Peut-être que ce n'est pas un manuel.

– Certainement, mais pas un intellectuel non plus.

– Quand l'avez-vous abandonné?

– Quand je me suis aperçu qu'il ne ferait jamais rien de bien dans la vie et qu'au lieu de travailler il préférait aller déconner avec ses apôtres. J'avais toujours pensé qu'il allait reprendre la boutique, parce que si j'ai fait la Terre c'était pour lui. Moi, j'avais pas besoin de m'agrandir, le Ciel ça me suffisait largement.

– Je vous trouve dur avec lui. Il a fait quand même des miracles?

– Le miracle, c'est qu'il ne se soit pas encore foutu en l'air avec sa voiture, quand on sait qu'il est ivre mort la plupart du temps.

L'ALCOOTEST
DE JÉSUS-CHRIST

Taux d'alcoolémie par litre de sang
de notre Seigneur Jésus-Christ :

9,05 grammes

Observations de l'œnologue :

Rouge sombre noir, très gras. Nez
sur la réserve à caractère fumé, fruits
cuits, figues et encens. Bouche fine et
suave, très fluide. Séveux et long.

Dieu
aime être un peu
pompette

JE PEUX VOUS OFFRIR quelque chose? demande le directeur du personnel à Dieu.

– Je veux bien, oui.

– Un whisky ou un jus de fruit?

– Un petit whisky, s'il vous plaît.

– C'est vous qui avez inventé l'alcool?

– Oui.

– C'est une grande responsabilité!

– Je sais, mais j'ai des circonstances atténuantes.

– C'est-à-dire?

– Je l'avais caché, dans les fruits, dans les légumes, dans les plantes, mais ils ont réussi à le trouver.

– Vous l'aviez quand même inventé, pourquoi?

– Quand ça va mal, j'aime être un peu pompette. Ça m'a bien aidé quand j'ai eu mes ennuis avec mon fils, sinon je ne sais pas ce que j'aurais fait. J'étais capable de tout, j'aurais pu commettre l'irréparable.

– Vous auriez été jusqu'à vous supprimer?

– Bien sûr. J'ai essayé, mais, manque de pot, je suis immortel; et quand on a de gros emmerdements, c'est une vraie vacherie.

– Je comprends. Faut prier.

— Prier qui?

— Bouddha, Yahvé, Allah, Jupiter, Zeus, Çiva... C'est pas les dieux qui manquent.

— Ce sont des pseudonymes.

— Qui se cache derrière?

— Vous ne devinez pas?

— J'ai ma petite idée.

— Moi, bien sûr, pour donner aux hommes l'impression qu'ils sont libres de choisir leur dieu. C'est comme pour les téléviseurs, il n'y a que le nom qui change; l'intérieur, c'est la même chose.

LE
TOP 50
DES DIEUX

n° 1 Le bon Dieu

n° 2 Allah *est remonté de 12 places*

n° 3 Çiva *a gagné 2 places*

n° 4 Bouddha *stable*

n° 5 Yahvé *a gagné 5 places*

Zeus a disparu du classement.

LA DERNIÈRE NUIT DE DIEU SUR TERRE

À **21 heures,** le directeur du personnel est venu chercher Dieu à son hôtel en voiture.

À **7 h 45,** Dieu est rentré avec le directeur du personnel. Il avait de la difficulté à marcher. Ils riaient beaucoup, ils se sont embrassés avant de se quitter.

Dieu est remonté à sa chambre à quatre pattes en jurant chaque fois que la lumière s'éteignait dans l'escalier.

---

7 h 54 Il a dit:
«Saleté d'éclairage.»

---

8 h 10 Il a dit:
«Vacherie d'escalier.»

---

8 h 14 Il a dit:
«Vacherie d'hôtel.»

À **8 h 30,** il ronflait sur le palier.

Dieu

vide son sac

DIEU EST ARRIVÉ très en retard avec un grand sac. Le directeur l'a accueilli avec une chaleur particulière et lui a demandé pour le dernier entretien de vider son sac.

– Je peux te dire tu? demande le directeur à Dieu.

– Bien sûr, lui répond Dieu.

– Alors, dis-moi maintenant ce que tu reproches le plus aux hommes.

– Leur ingratitude. Ils savent que je suis tout seul là-haut, et pourtant jamais un coup de téléphone, jamais un petit mot, rien, comme si je n'existais pas.

– Il faut sortir de ta cuisine. Dans les grands restaurants, à la fin du repas, le chef passe pour recueillir les observations des convives, connaître leur avis. Pourquoi toi on ne te voit jamais? Tu as peur de te faire engueuler?

– Pas du tout, mais je sais à l'avance ce que je vais entendre. Ils vont tous me dire que le début, c'était bien, les hors-d'œuvre, parfait. C'est la fin du repas qu'ils n'aiment pas, ils ne veulent pas quitter la table.

– Peut-être parce que c'est à ce moment-là qu'on paye.

– Possible, dit Dieu.

— Il m'est arrivé quelquefois, après un coucher de soleil particulièrement réussi ou un matin de printemps en fleurs, de me dire : « Il s'est vraiment défoncé, je vais l'appeler pour le féliciter. » Mais au même moment j'apprends qu'un tremblement de terre vient de tuer des milliers de gens. Tu es vraiment capable de tout !

— Du pire et du meilleur, dit Dieu avec un petit sourire.

— Mais d'abord on ne sait pas comment te joindre, et quand par miracle on trouve ton numéro, c'est toujours occupé. Alors tu sais ce que c'est, on remet et on le fait pas.

— Ce que tu dis sur mon téléphone toujours occupé, ça ne m'étonne pas. Mon fils reste des heures à parler à ses apôtres. Ils refont le monde...

Adieu, Dieu

LE SAMEDI MIDI, Dieu est reparti, il a regagné le Ciel à vol d'oiseau.

Le directeur du personnel a tenu à être présent au décollage. Il a longuement agité son chapeau jusqu'à ce que Dieu ne soit plus qu'une petite mouche dans le ciel, même bien longtemps après. Faut dire que l'eau qu'il avait dans les yeux l'empêchait de bien voir.

Dieu a retrouvé le Ciel et ses pantoufles avec grand plaisir.

La réponse à sa candidature est arrivée à la fin de la semaine. Dieu a décacheté la lettre et l'a lue debout.

(Voir copie ci-après.)

Copie de la réponse
adressée à Dieu

Cher Monsieur Dieu,

Votre curriculum vitae indique des compétences multiples et diverses. Nous vous croyons capable de tout, « du pire et du meilleur » ; « le pire » nous inquiète.

Par ailleurs, votre détachement à l'égard de l'économique (entretien du 2/08, « L'économique, je m'en tape ») fait trembler nos actionnaires.

Enfin, notre service juridique, au vu de votre casier judiciaire, craint pour vous une mise en examen imminente et déconseille votre embauche.

Vous comprendrez que pour toutes ces raisons nous ne puissions, à notre grand regret, retenir votre candidature et vous intégrer dans notre groupe.

Veuillez croire, cher Monsieur, à notre considération distinguée.

LE PRÉSIDENT

P.-S. : Tu as le bonjour du directeur du personnel.

Après un petit mouvement d'humeur, Dieu s'est installé confortablement dans son vieux fauteuil de cuir, il pose ses pieds sur un cirrus, un quintette de Mozart sur son Teppaz et il déchiquette soigneusement la lettre. Les morceaux de papier s'envolent dans le ciel comme les pétales de cerisier au printemps.

De toute façon, il ne veut plus retourner sur la Terre, il y a trop de panneaux publicitaires dans la campagne.

Un bon sourire éclaire son visage. Il vient d'avoir une idée, il a enfin trouvé une solution à son ennui, il va pouvoir continuer à s'occuper des hommes.

Il va leur préparer la

FIN DU MONDE

Épilogue

On a remis à l'ange gardien qui est allé régler la chambre le costume trois-pièces de Dieu. Avant de le porter au pressing, l'ange a vidé les poches et il a trouvé quelques objets qu'il a pieusement mis de côté : un ticket de métro neuf, un billet de cinéma, un préservatif, un tract publicitaire pour une pizzeria et un testament manuscrit qui a été scrupuleusement recopié.

(Voir pièce jointe, ci-après.)

LE TESTAMENT
DE DIEU

Je soussigné Dieu, demeurant
sur la Terre comme au Ciel,
déclare que :

Ceci est un testament révoquant
toutes dispositions antérieures.

Je laisse l'usufruit de la Terre
aux hommes, à charge de l'entretenir
et de réparer, à leurs frais, les dégâts
qu'ils lui ont causés ; la nue-propriété
revenant à mon fils (que j'aurais eu
plaisir à déshériter, mais ce que la
législation actuelle m'interdit de
faire).

Ils devront verser des dom-
mages et intérêts à tous les éléphants
auxquels ils ont scié les défenses, et

aux rhinocéros auxquels ils ont coupé la corne.

Que les hommes n'oublient pas qu'ils sont tenus de laisser l'endroit aussi propre qu'ils l'ont trouvé en arrivant.

En conséquence :

Les pavillons avec parements de pierre, fer forgé espagnol et barbecue en pierre de taille, les mas provençaux avec crépi façon pizzeria et piscine bleu poubelle et les résidences en faux marbre, en fausses pierres, en faux tout : tout doit disparaître !

Ils devront néanmoins laisser quelques constructions :

La cathédrale de Chartres (dont ils auront obligation de nettoyer tous les carreaux).

Le Mont-Saint-Michel (avec ses moines et ses chats).

La pyramide avec son Louvre et ses tableaux.

Et le bistrot « Le Rêve », 89, rue Caulaincourt, à Paris.

Toutes les autoroutes, rocades et routes à quatre voies seront supprimées, et les chemins muletiers d'origine rétablis.

Je ne souhaite pas que mon enterrement soit retransmis sur TF1.

Je veux un enterrement civil. Ni messes ni prières. Les remplacer par des fleurs.

Table

Pièces jointes
au dossier de candidature

Maquette et réalisation PAO Seuil

Imprimé par BCI à Saint-Amand-Montrond
Dépôt légal : avril 1995. N° 22019 (1655)